하나님과 사람에게

사랑받는 _____ (이)가

되길 기도하며

_____ (이)가

어린이를 위한 내 글씨 필사 암송 1권

엮은이 · 편집부
초판 발행 · 2020. 8. 5
6쇄 · 2024. 11. 26
등록번호 · 제1988-000080호
등록된 곳 · 서울특별시 용산구 서빙고로 65길 38
발행처 · 사단법인 두란노서원
영업부 · 2078-3333 FAX080-749-3705
출판부 · 2078-3331

책 값은 뒤표지에 있습니다.
ISBN 978-89-531-3819-3 04230
　　　978-89-531-3820-9 04230 (세트)

독자의 의견을 기다립니다.
tpress@duranno.com　　　http://www.duranno.com

두란노서원은 바울 사도가 3차 전도여행 때 에베소에서 성령 받은 제자들을 따로 세워 하나님의 말씀으로 양육하던 장소입니다. 사도행전
19장 8-20절의 정신에 따라 첫째 목회자를 돕는 사역과 평신도를 훈련시키는 사역, 둘째 세계선교(TIM)와 문서선교(단행본·잡지) 사역,
셋째 예수문화 및 경배와 찬양 사역, 그리고 가정 · 상담 사역 등을 감당하고 있습니다. 1980년 12월 22일에 창립된 두란노서원은 주님 오
실 때까지 이 사역들을 계속할 것입니다.

일러스트 이단비 https://www.instagram.com/sonmat.calli/
디자인 유한나
감수 한선희 목사

차례

1권 | 믿음편

: 하나님, 예수님, 성령님, 믿음, 예배, 기도

스티커,
말씀 카드
수록

성경을 따라 적는 건, 아주 오래 전부터 믿음의 선배들이 해오던 일이었어요. 이스라엘에서는 고대부터 서기관들이 성경을 한 자 한 자 정성스럽게 적었고요. 중세시대에는 수도원에 필사실을 만들어 성경을 베껴 썼다고 해요. 그래서 베자 캠브리지 사본, 클레르몽 사본, 시나이 사본 등 다양한 성경 사본이 만들어졌다고 하지요.

우리 대한민국의 할아버지의 할아버지, 할머니의 할머니들도 성경을 베껴 썼어요. 이것을 '필사'라고 해요. 성경 필사는 하나님을 널리 알리는 데 큰 역할을 했답니다.

좋은 음식을 먹으면 튼튼해지듯이 성경 말씀을 먹으면 영혼이 아주 튼튼해져요. 말씀을 암송하면 그 말씀이 우리의 삶을 인도해 줄 거예요. 친구랑 싸웠을 때, 부모님께 순종하고 싶지 않을 때, 어떤 일이 옳은지 헷갈릴 때에도 말씀에서 답을 찾을 수 있어요.

1권 〈믿음편〉에서는 하나님, 예수님, 성령님이 누구신지, 예배와 기도와 믿음이 무엇인지 알 수 있어요.

말씀을 따라 쓰면서 더불어 외워 보세요. 말씀을 외우는 건 든든한 친구를 얻는 것과 같답니다. 말씀을 따라 쓰고 외우고, 부모님이나 친구들과 재미난 게임을 하면서 하나님 말씀을 먹는 재미, 하나님과 함께 살아가는 기쁨을 누리는 우리 어린이들이 되길 바라요.

● **믿음이 자라는 12가지 말씀**

이 책은 신앙생활을 하면서 반드시 알아야 할 12가지 말씀이 들어 있어요. 아이가 말씀을 쓰면서 외울 수 있도록 도와주세요. 암송한 말씀은 아이의 평생 친구가 되어 줄 거예요. 아이의 삶을 말씀으로 인도하실 하나님을 기대하며 중보해요.

● **오늘의 예배**

가족이나 소모임에서 아이와 함께 말씀으로 예배를 드릴 수 있도록 구성했어요. 날짜를 적고 구성원 중 한 명이 기도를 하고, 찬양을 부른 후 해당 성경 구절을 본문으로 말씀을 전하면 훌륭한 예배가 됩니다. 어린이 찬양의 가사를 본문에 실었지만 잘 모를 경우 모두가 아는 다른 찬양을 함께 불러도 좋아요.

오늘의 예배

날짜: _____ 년 _____ 월 _____ 일
기도: _____
찬양: 날 만드심이라

● **말씀 이해하기**

'말씀 이해하기'는 아이가 말씀의 내용을 이해할 수 있게 도와주어요. 부모님이나 선생님의 언어로 자세히 설명해 준다면 아이는 더욱 쉽고 재미있게 말씀을 이해할 수 있을 거예요.

말씀 이해하기

텅 빈 공간과 어둠만 있던 우주에 하나님
동물과 사람을 지으셨답니다. 모든 것이

따라 써 보기

원고지 모양에 쓰인 말씀을 따라 한 자 한 자 적어 보아요. 한글이 서툰 아이도 쉽게 따라 쓸 수 있어요.

따라 써 보세요

1

태 초

말씀으로 기도하기

말씀을 따라 쓴 후에는 본문 말씀을 바탕으로 기도해요. 함께 기도하다 보면 자연스레 말씀으로 기도하는 법을 배울 수 있어요.

말씀으로 기도하기

예수님은 길이요 진리요 생명이세.
님 아버지께 갈 수 있음을 믿어요.
으로 기도합니다. 아멘.

게임으로 말씀 익히기

재미있는 게임을 통해 오늘 익힌 말씀을 좀더 잘 기억할 수 있어요. 미로 찾기, 단어 넣기, 색칠하기 등 다양한 게임으로 자연스레 한 번 더 말씀을 새길 수 있어요.

게임으로 말씀 익히기
• 다음 미로에서 길-진리-생명이라

칭찬해 주기

이 책 뒤에는 칭찬 스티커를 붙일 수 있는 종이와 스티커가 수록되어 있어요. 종이는 오려서 잘 보이는 곳에 붙이고, 아이가 한 과를 마칠 때마다 '참 잘했어요' 스티커를 붙이며 칭찬해 주세요. 칭찬과 함께 적절한 보상(예, 스티커 3개 붙이면 소원 들어주기)을 해주면 아이는 더욱 신이 나 필사를 할 수 있을 거예요. 캐릭터 스티커는 자유롭게 사용하세요.

말씀 카드 활용하기

이 책 뒤에 말씀 카드를 2장씩 수록했어요. 절취선을 따라 오린 후 잘 볼 수 있는 곳에 붙이고 함께 말씀을 암송해요. 온 가족이 말씀으로 하나가 될 수 있어요.

1

믿음편

하나님을 알고 싶어요

창세기 1:1 창조주 하나님

태초에 하나님이 천지를 창조하시니라

말씀 이해하기

텅 빈 공간과 어둠만 있던 우주에 하나님이 창조를 하셨어요. 하늘과 땅과 새와 동물과 사람을 지으셨답니다. 모든 것이 하나님이 보시기에 좋았어요.

따라 써 보세요

1

	태	초	에		하	나	님
이		천	지	를		창	조
하	시	니	라				

2

	태	초	에		하	나	님
이		천	지	를		창	조
하	시	니	라				

날짜 : _____ 년 _____ 월 _____ 일

기도 : _____

찬양 : 날 만드심이라

세상을 창조하시고 사람을 만드시고 / 보기에 심히 좋았더라 말씀하셨네 / 하지만 그 어떤 세상보다 그 어떤 만물보다 /하나님 가장 기쁨은 날 만드심이라

3

태 초 에   하 나 님
이   천 지 를   창 조
하 시 니 라

4

태 초 에   하 나 님
이   천 지 를   창 조
하 시 니 라

5

태 초 에   하 나 님
이   천 지 를   창 조
하 시 니 라

말씀으로 기도하기

하나님, 세상의 맨 처음에 우주를 만드시고, 지구를 만드시고, 또 저와 우리 가족을 만들어 주셔서 너무 감사드려요. 하나님이 만든 사람들과 나무와 꽃들을 저도 아끼며 사랑할게요. 예수님의 이름으로 기도합니다. 아멘.

게임으로 말씀 익히기

● 하나님이 만든 세상을 예쁘게 색칠해 보세요

1 하나님을 알고 싶어요

2

로마서 5:8 사랑이신 하나님

우리가 아직 죄인 되었을 때에 그리스도께서 우리를 위하여 죽으심으로 하나님께서 우리에 대한 자기의 사랑을 확증하셨느니라

말씀 이해하기

하나님은 사랑이세요. 우리를 얼마만큼 사랑하실까요? 하나님은 아들이신 예수님을 십자가에 달리게 하실 정도로 우리를 사랑하신답니다.

따라 써 보세요

1

우	리	가		아	직
죄	인		되	었	을		때
에		그	리	스	도	께	서
우	리	를		위	하	여
죽	으	심	으	로		하	나

14

●1●믿음편●

오늘의 예배

날짜 : _____ 년 _____ 월 _____ 일

기도 : _____

찬양 : **사랑의 주님이**

사랑의 주님이 날 사랑하시네 / 내 모습 이대
로 받으셨네 / 사랑의 주님이 날 사랑하듯이 /
나도 너를 사랑하며 섬기리

님 께 서 　 우 리 에

대 한 　 자 기 의 　 사

랑 을 　 확 증 하 셨 느

니 라

2

　 우 리 가 　 아 직

죄 인 　 되 었 을 　 때

에 　 그 리 스 도 께 서 　 ∨

우 리 를 　 위 하 여

죽 으 심 으 로 　 하 나

님께서　우리에
대한　자기의　사
랑을　확증하셨느
니라

3　우리가　아직
죄인　되었을　때
에　그리스도께서　∨
우리를　위하여
죽으심으로　하나
님께서　우리에
대한　자기의　사

랑을　확증하셨느
니라

4　우리가　아직
죄인　되었을　때
에　그리스도께서
우리를　위하여
죽으심으로　하나
님께서　우리에
대한　자기의　사
랑을　확증하셨느
니라

5

우 리 가   아 직
죄 인   되 었 을   때
에   그 리 스 도 께 서   ∨
우 리 를   위 하 여
죽 으 심 으 로   하 나
님 께 서   우 리 에
대 한   자 기 의   사
랑 을   확 증 하 셨 느
니 라

말씀으로 기도하기

제가 아직 죄인이었을 때 하나님은 예수님을 보내셔서 저를 구원하여 주셨습니다. 이렇게 저를 사랑해 주시니 감사합니다. 예수님의 이름으로 기도합니다. 아멘.

게임으로 말씀 익히기

● 십자가 사랑을 생각하며 숫자대로 연결해 보아요.

예수님을 알고 싶어요

마태복음 16:16 하나님이신 예수님

시몬 베드로가 대답하여 이르되 주는 그리스도시요 살아 계신 하나님의 아들이시니이다

말씀 이해하기

예수님은 그리스도시며, 살아 계신 하나님의 아들이십니다. 여러분도 이 사실을 믿나요? 믿으면 "아멘"하고 말해 보세요.

따라 써 보세요

1

시	몬		베	드	로	가	∨
대	답	하	여		이	르	되	∨
주	는		그	리	스	도	시
요		살	아		계	신
하	나	님	의		아	들	이
시	니	이	다

날짜 : _____ 년 _____ 월 _____ 일

기도 : _____

찬양 : 나는야 주의 어린이

나는야 주의 어린이 / 주의 사랑으로 자라가요 / 나는야 주의 어린이 / 주의 말씀 안에 자라가요 / 예수님처럼 기도하고 예수님처럼 섬기며 / 믿음으로 자라가요 / 나는야 주의 어린이

2

시몬 베드로가
대답하여 이르되
주는 그리스도시
요 살아 계신
하나님의 아들이
시니이다

3

시몬 베드로가
대답하여 이르되
주는 그리스도시

요 살아 계신
하나님의 아들이
시니이다

4 시몬 베드로가 ∨
대답하여 이르되 ∨
주는 그리스도시
요 살아 계신
하나님의 아들이
시니이다

5 시몬 베드로가 ∨
대답하여 이르되 ∨

주는 그리스도시요 살아 계신 하나님의 아들이시니이다

말씀으로 기도하기

예수님은 그리스도이시며, 살아 계신 하나님의 아들이심을 제가 믿어요. 저의 죄를 씻어 주시고 하나님의 자녀로 삼아 주셔서 감사합니다. 예수님의 이름으로 기도합니다. 아멘.

게임으로 말씀 익히기

- 마태복음 16장 16절에서 시몬 베드로는 뭐라고 말했는지 맞는 문장에 선을 그어 보세요.

시몬 베드로가

대답하여 이르되

주와 내가
무슨 상관이
있습니까?

주는 그리스도시요
저에게 일용할 양식을
주시는 분입니다.

주는 그리스도시요
살아 계신 하나님의
아들이시니이다

주는 내 친구시며,
살아 계신 하나님의
아들이시니이다

예수님을 알고 싶어요

요한복음 14:6 유일한 구원자

예수께서 이르시되 내가 곧 길이요 진리요 생명이니 나로 말미암지 않고는 아버지께로 올 자가 없느니라

말씀 이해하기

예수님은 구원으로 갈 수 있는 유일한 길이에요. 그리고 예수님은 진리이며 생명입니다. 예수님을 통하지 않고서는 하나님께 갈 수 없답니다.

따라 써 보세요

1

예	수	께	서		이	르
시	되		내	가		곧
길	이	요		진	리	요
생	명	이	니		나	로
말	미	암	지		않	고	는

∨

•1•믿음편

날짜 : _____ 년 _____ 월 _____ 일

기도 : _____

찬양 : 예수님은 길이요

예수님은 길이요 길이요 길이요 / 예수님은
진리요 진리요 진리요 / 영원한 생명 영원한
생명 / 할렐루야 아멘 아멘

아 버 지 께 로 　 올 　

자 가 　 없 느 니 라 　

2

　 예 수 께 서 　 이 르

시 되 　 내 가 　 곤

길 이 요 　 진 리 요

생 명 이 니 　 나 로

말 미 암 지 　 않 고 는

아 버 지 께 로 　 올 　

자 가 　 없 느 니 라

3

예 수 께 서　이 르
시 되　내 가　곧
길 이 요　진 리 요
생 명 이 니　나 로
말 미 암 지　않 고 는
아 버 지 께 로　올
자 가　없 느 니 라

4

예 수 께 서　이 르
시 되　내 가　곧
길 이 요　진 리 요
생 명 이 니　나 로

말미암지 않고는
아버지께로 올
자가 없느니라

5 예수께서 이르
시되 내가 곧
길이요 진리요
생명이니 나로
말미암지 않고는
아버지께로 올
자가 없느니라

말씀으로 기도하기

예수님은 길이요 진리요 생명이세요. 예수님을 통해서만 하나님 아버지께 갈 수 있음을 믿어요. 예수님은 저의 구주이십니다. 예수님의 이름으로 기도합니다. 아멘.

게임으로 말씀 익히기

● 다음 미로에서 길-진리-생명이라 표시된 길을 따라가 '아버지'께 가 보세요.

3 성령님을 알고 싶어요

갈라디아서 5:22-23 성령의 열매

오직 성령의 열매는 사랑과 희락과 화평과 오래 참음과 자비와 양선과 충성과 온유와 절제니 이 같은 것을 금지할 법이 없느니라

말씀 이해하기

성령님과 함께하는 사람에게는 9가지 열매가 맺혀요. '열매'란 우리에게 나타나는 성품을 말해요. 성령의 열매는 사랑과 기쁨과 화평과 오래 참음과 친절과 선함과 신실함과 온유와 절제예요. 우리 친구들은 어떤 열매를 맺고 있나요?

따라 써 보세요

1

오	직		성	령	의	
열	매	는		사	랑	과
희	락	과		화	평	과
오	래		참	음	과	자
비	와		양	선	과	충

우리 지금 성령님을 환영합니다 / 내 맘에 지금 찾아오셔서 말씀해 주세요 / 주의 보혈 덮으사 깨끗하게 하시고 / 성령님의 능력으로 새롭게 하소서 / 성령님 내 손 잡아 주세요 / 눈을 들어 하늘을 바라봅니다 / 환한 미소로 나를 안으사 주의 빛 비추게 하소서

성 과 온 유 와   절
제 니 이   같 은 법
것 을 금 지 할
이   없 느 니 라

2

오 직   성 령 의
열 매 는   사 랑 과
희 락 과   화 평 과
오 래   참 음 과   자
비 와   양 선 과   충

성과　온유와　절
제니　이　같은
것을　금지할　법
이　없느니라

3　오직　성령의
열매는　사랑과
희락과　화평과
오래　참음과　자
비와　양선과　충
성과　온유와　절
제니　이　같은

것을 금지할 법
이 없느니라

4 오직 성령의
열매는 사랑과
희락과 화평과
오래 참음과 자
비와 양선과 충
성과 온유와 절
제니 이 같은
것을 금지할 법
이 없느니라

5

	오	직		성	령	의	
열	매	는		사	랑	과	
희	락	과		화	평	과	
오	래		참	음	과		자
비	와		양	선	과		충
성	과		온	유	와		절
제	니		이		같	은	
것	을		금	지	할		법
이		없	느	니	라		

말씀으로 기도하기

하나님, 성령님을 보내 주셔서 감사해요. 성령의 열매인 사랑과 희락과 화평과 오래 참
음과 자비와 양선과 충성과 온유와 절제의 열매가 가득 맺히게 도와주세요. 예수님의
이름으로 기도합니다. 아멘.

게임으로 말씀 익히기

● 성령의 9가지 열매를 스티커에서 찾아 붙이고 나무에 색칠해 보세요.

요한복음 16:13 진리의 영

그러나 진리의 성령이 오시면 그가 너희를 모든 진리 가운데로 인도하시리니 그가 스스로 말하지 않고 오직 들은 것을 말하며 장래 일을 너희에게 알리시리라

말씀 이해하기

성령님은 진리의 영이세요. 성령님은 우리를 진리로 인도해 주세요. 성령님은 자기 생각대로 말씀하시지 않고 하나님께 들은 것만을 말씀하시며, 하나님께서 하실 일들을 우리에게 알려 주세요.

따라 써 보세요

1

	그	러	나		진	리	의 ∨
성	령	이		오	시	면	
그	가		너	희	를		모
든		진	리		가	운	데
로		인	도	하	시	리	니 ∨

날짜 : _____ 년 _____ 월 _____ 일

기도 : _____

찬양 : **내 안에 부어 주소서**

내 안에 부어주소서 성령의 충만한 기름을 / 내 안에 충만케 하소서 성령의 기름으로 / 내게 기름 가득할 때 주의 복음 전할 수 있네 / 내게 기름 가득할 때 주의 사랑 베푸네 / 그날에 우리 주님께서 밤중에 찾아오실 때에 / 기름 준비된 자만이 잔치 자리 들어가네

그가　　스스로　　말
하지　　않고　　오직 ∨
들은　　것을　　말하
며　　장래　　일을
너희에게　　알리시
리라

2
그러나　　진리의 ∨
성령이　　오시면
그가　　너희를　　모

든　　진리　　가운데

로　　인도하시리니　∨

그가　　스스로　　　말

하지　　않고　　　오직　∨

들은　　것을　　　말하

며　　장래　　　일을

너희에게　　　알리시

리라

3　　그러나　　진리의　∨

성령이　　오시면

그가　　너희를　　　모

든　진리　가운데
로　인도하시리니　∨
그가　스스로　말
하지　않고　오직　∨
들은　것을　말하
며　장래　일을
너희에게　알리시
리라
4　그러나　진리의　∨
성령이　오시면
그가　너희를　모

든　　진리　가운데

로　　인도하시리니　∨

그가　　스스로　　말

하지　　않고　　오직　∨

들은　　것을　　말하

며　　장래　　일을

너희에게　　알리시

리라

5　　그러나　　진리의　∨

성령이　　오시면

그가　　너희를　　모

든　진리　가운데
로　인도하시리니 ⌄
그가　스스로　말
하지　않고　오직 ⌄
들은　것을　말하
며　장래　일을
너희에게　알리시
리라

말씀으로 기도하기

진리의 성령님, 우리를 진리로 인도해 주셔서 감사해요. 성령님이 하나님께 들은 것을 말씀하시며, 하나님께서 하신 일들을 우리에게 알려 주신다고 하셨잖아요. 날마다 저를 인도해 주셔서 하나님의 기쁨이 되게 해 주세요. 예수님의 이름으로 기도합니다. 아멘.

게임으로 말씀 익히기

● 책 뒤에 있는 스티커에서 단어를 찾아 요한복음 16장 13절을 완성해 보세요. 그리고 오른쪽 그림에서 스티커와 같은 단어를 찾아 동그라미를 그리세요.

그러나 진리 의 성령 이오시면

그가 너희를

모든 진리 가운데로 인도하시리니

그가 스스로 말하지 않고

오직 들은 것을 말하며

장래 일을 너희에게 알리시리라

4 믿음을 알고 싶어요

요한복음 3:16 믿음으로 구원받음

하나님이 세상을 이처럼 사랑하사 독생자를 주셨으니 이는 그를 믿는 자마다 멸망하지 않고 영생을 얻게 하려 하심이라

말씀 이해하기

하나님이 세상을 너무나 사랑하셔서 하나밖에 없는 아들 예수님을 보내 주셨어요. 아들을 보내 주신 이유는 예수님을 믿는 사람마다 영원한 생명을 얻게 하려는 것이에요.

따라 써 보세요

1

하	나	님	이		세	상
을		이	처	럼	사	랑
하	사		독	생	자	를
주	셨	으	니		이	는
그	를		믿	는		자	마

날짜 : _____ 년 _____ 월 _____ 일

기도 : _____

찬양 : **요한복음 3장 16절**

하나님께서 세상을 이처럼 사랑하셔서 / 독생자를 주셨으니 / 이는 그를 믿는 사람마다 멸망하지 않고 / 영생을 얻게 하려는 것이다 / 요한복음 3장 16절 말씀 아멘

다		멸	망	하	지		않
고		영	생	을		얻	게
하	려		하	심	이	라	
	하	나	님	이		세	상
을		이	처	럼		사	랑
하	사		독	생	자	를	
주	셨	으	니		이	는	
그	를		믿	는		자	마
다		멸	망	하	지		않

2

고　　영생을　얻게
하려　하심이라

3　　하나님이　세상
을　이처럼　사랑
하사　독생자를
주셨으니　이는
그를　믿는　자마
다　멸망하지　않
고　영생을　얻게
하려　하심이라

4　　하나님이　세상

을　　이처럼　사랑
하사　독생자를
주셨으니　이는
그를　믿는　자마
다　멸망하지　않
고　영생을　얻게
하려　하심이라

5　하나님이　세상
을　이처럼　사랑
하사　독생자를
주셨으니　이는

그를 믿는 자마
다 멸망하지 않
고 영생을 얻게 ∨
하려 하심이라

말씀으로 기도하기

하나님, 세상을 너무나 사랑하셔서 예수님을 보내 우리 대신 죽게 하셨지요. 예수님을
믿는 자마다 죽지 않고 영원한 생명을 얻게 해 주셔서 감사합니다. 예수님의 이름으로
기도합니다. 아멘.

게임으로 말씀 익히기

- 다음 큐알코드를 찍어 노래를 손유희로 배워 보세요.

작곡: 조재신
노래: 조 은

요한복음
3장 16절 말씀

유아 유치부용 큐티
<예수님이랑 나랑 암송송>

q=110

하 나 님 께서 세 상 을 이 처 럼 사 랑 하 셔 서

독 생 자 를 주 셨 으 니 이 는 그 를 믿 는 사 람 마 다

멸 망 하 지 않 고 영 생 을 얻 게 하 려 는 것 이 다

요 한 복 ~ 음 삼 장 십 육 절 말 씀 아 멘

4 믿음을 알고 싶어요

에베소서 2:8 하나님의 선물

너희는 그 은혜에 의하여 믿음으로 말미암아 구원을 받았으니 이것은 너희에게서 난 것이 아니요 하나님의 선물이라

말씀 이해하기

믿음은 하나님이 주시는 구원을 받아들이는 거예요. 우리가 진심으로 예수님을 믿으면 구원을 받아요. 이 놀라운 은혜는 바로 우리에게 주시는 하나님의 선물입니다.

따라 써 보세요

1

너	희	는		그		은
혜	에		의	하	여	민
음	으	로		말	미	암	아
구	원	을		받	았	으	니
이	것	은		너	희	에	게

●1● 믿음편 ●

날짜: _____년 _____월 _____일

기도: _____

찬양: **구원 열차**

나는 구원 열차 올라타고서 하늘나라 가지요 / 죄악역 벗어나 달려가다가 다시 내리지 않죠 / 차표 필요 없어요 주님 차장 되시니 나는 염려 없어요 / 나는 구원 열차 올라타고서 하늘나라 가지요

2

서	난	것 이		아
니 요	하 나 님 의			
선 물 이 라				
	너 희 는		그	은
혜 에	의 하 여			믿
음 으 로		말 미 암 아		∨
구 원 을		받 았 으 니		∨
이 것 은		너 희 에 게		
서	난	것 이		아

니요 하나님의
선물이라

3 너희는 그 은
혜에 의하여 믿
음으로 말미암아 ∨
구원을 받았으니 ∨
이것은 너희에게
서 난 것이 아
니요 하나님의
선물이라

4 너희는 그 은

혜에 의하여 믿
음으로 말미암아
구원을 받았으니
이것은 너희에게
서 난 것이 아
니요 하나님의
선물이라

5　너희는 그 은
혜에 의하여 믿
음으로 말미암아
구원을 받았으니

이 것 은 　 너 희 에 게
서 　 난 　 것 이 　 아
니 요 　 하 나 님 의
선 물 이 라

말씀으로 기도하기

하나님, 믿음으로 구원을 받는다는 것과 구원은 하나님의 선물임을 알았습니다. 하나님의 사랑과 은혜에 감사하며 살게 해 주세요. 예수님의 이름으로 기도합니다. 아멘.

게임으로 말씀 익히기

● **주사위 놀이로 믿음의 길을 걸어가 봐요.**

▸ 주사위를 던져 나온 숫자만큼 이동합니다.

▸ 온갖 유혹을 이기고 먼저 '구원'에 도착하는 친구가 이기는 것입니다.

▸ 부모님이나 친구들과 함께 해 보세요.

준비물
주사위, 말판 2-4개
(말판의 수는 자유롭게 정하세요)

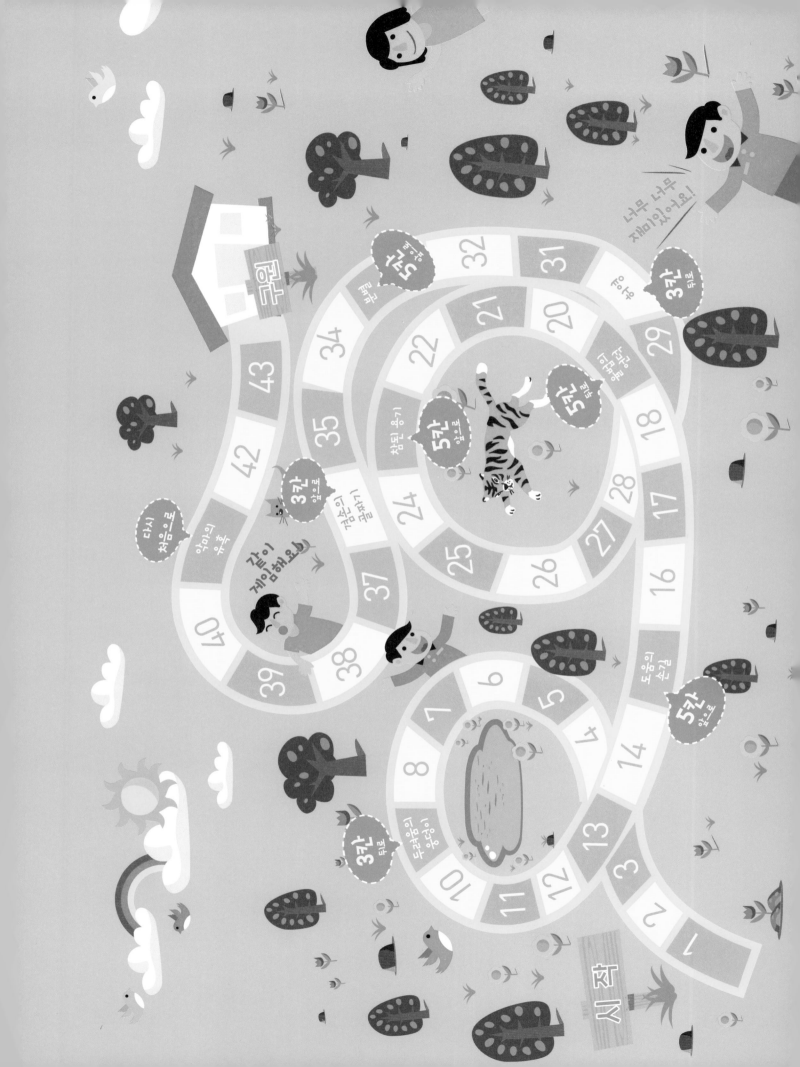

5 예배를 알고 싶어요

요한복음 4:24 진정한 예배자

하나님은 영이시니 예배하는 자가 영과 진리로 예배할지니라

말씀 이해하기

하나님은 영이십니다. 하나님이 원하시는 모습대로 하나님께만 집중하고, 진실한 마음으로 정성을 다해 예배드려야 합니다.

따라 써 보세요

1

하	나	님	은		영	이
시	니		예	배	하	는
자	가		영	과		진	리
로		예	배	할	지	니	라

2

하	나	님	은		영	이
시	니		예	배	하	는

날짜 : _____ 년 _____ 월 _____ 일

기도 : _____

찬양 : 예수님 만나고 싶어요

예수님 만나고 싶어요 / 예수님 만나고 싶어요 / 손을 모아 기도할 때 / 응답해 주세요 / 예수님 만나고 싶어요 / 예수님 만나고 싶어요 / 손을 들어 찬양할 때 / 기뻐해 주세요 / 손을 들어 찬양할 때 / 기뻐해 주세요

자가 영과 진리
로 예배할지니라

3

하나님은 영이
시니 예배하는
자가 영과 진리
로 예배할지니라

4

하나님은 영이
시니 예배하는
자가 영과 진리

로		예	배	할	지	니	라
하	나	님	은			영	이
시	니		예	배	하	는	
자	가		영	과		진	리
로		예	배	할	지	니	라

5

말씀으로 기도하기

하나님, 영과 진리로 드리는 예배를 기뻐하시지요? 제가 장난을 치거나 딴생각을 하지 않고 하나님이 기뻐하시는 예배를 드리게 도와주세요. 예수님의 이름으로 기도합니다. 아멘.

게임으로 말씀 익히기

• 요한복음 4장 24절의 단어를 순서대로 찾아 선으로 이어 보세요

같은 색끼리
연결해 보세요

5 예배를 알고 싶어요

로마서 12:1 영적 예배

그러므로 형제들아 내가 하나님의 모든 자비하심으로 너희를 권하노니 너희 몸을 하나님이 기뻐하시는 거룩한 산 제물로 드리라 이는 너희가 드릴 영적 예배니라

말씀 이해하기

예배는 우리의 삶 전체를 하나님께 드리는 거예요. 이것이 하나님이 기뻐하시는 거룩한 예배입니다.

따라 써 보세요

1

	그	러	므	로		형	제
들	아		내	가		하	나
님	의		모	든		자	비
하	심	으	로		너	희	를
권	하	노	니		너	희	

62

날짜 : _____년 _____월 _____일

기도 : _____

찬양 : **주인 되신 하나님**

내 입을 열어 주님을 찬양하네 / 내 맘을 열어 주님을 맞이하네 / 오 하나님 영광 받으소서 / 이 예배의 주인 되소서

몸을 하나님이
기뻐하시는 거룩
한 산 제물로
드리라 이는 너
희가 드릴 영적
예배니라

2

그러므로 형제
들아 내가 하나
님의 모든 자비

하 심 으 로　　너 희 를 ∨

권 하 노 니　　너 희

몸 을　　하 나 님 이

기 뻐 하 시 는　　거 룩

한　　산　　제 물 로

드 리 라　　이 는　　너

희 가　　드 릴　　영 적 ∨

예 배 니 라

3　　그 러 므 로　　형 제

들 아　　내 가　　하 나

님 의　　모 든　　자 비

하 심 으 로 너 희 를
권 하 노 니 너 희
몸 을 하 나 님 이
기 뻐 하 시 는 거 룩
한 산 제 물 로
드 리 라 이 는 너
희 가 드 릴 영 적
예 배 니 라

4 그 러 므 로 형 제
들 아 내 가 하 나
님 의 모 든 자 비

하 심 으 로　　너 희 를

권 하 노 니　　너 희

몸 을　　하 나 님 이

기 뻐 하 시 는　　거 룩

한　　산　　제 물 로

드 리 라　　이 는　　너

희 가　　드 릴　　영 적

예 배 니 라

5　　그 러 므 로　　형 제

들 아　　내 가　　하 나

님 의　　모 든　　자 비

하심으로 너희를
권하노니 너희
몸을 하나님이
기뻐하시는 거룩
한 산 제물로
드리라 이는 너
희가 드릴 영적
예배니라

말씀으로 기도하기

거룩하신 하나님, 저는 주님이 기뻐하시는 모습으로 살고 싶어요. 제가 잠자고, 놀고, 공부하는 모든 일들이 하나님께 기쁨이 되게 해 주세요. 예수님의 이름으로 기도합니다. 아멘.

게임으로 말씀 익히기

• 하나님은 우리와 친하게 지내길 원하세요. 여러분이 하나님께 드리고 싶은 것을 동그라미해 보세요.

6 기도를 알고 싶어요

마가복음 11:24 기도의 방법

그러므로 내가 너희에게 말하노니 무엇이든지 기도하고 구하는 것은 받은 줄로 믿으라 그리하면 너희에게 그대로 되리라

말씀 이해하기

하나님을 믿고 기도하는 것은 아주 중요해요. 하나님은 자녀의 기도에 귀를 기울여 주세요. 하나님의 뜻대로 기도한 것을 들어주신답니다.

따라 써 보세요

1

그	러	므	로		내	가	∨
너	희	에	게		말	하	노
니		무	엇	이	든	지	
기	도	하	고		구	하	는 ∨
것	은		받	은		줄	로 ∨

날짜 : _____년 _____월 _____일

기도 : _____

찬양 : 기도하고 밥먹고

기도하고 밥 먹고 / 기도하고 잠자고 / 기도하고 뛰어놀면 / 하나님이 축복해

2

믿으라 그리하면

너희에게 그대로

되리라

그러므로 내가

너희에게 말하노

니 무엇이든지

기도하고 구하는

것은 받은 줄로

믿으라 그리하면

너희에게 그대로
되리라

3 그러므로 내가
너희에게 말하노
니 무엇이든지
기도하고 구하는
것은 받은 줄로
믿으라 그리하면
너희에게 그대로
되리라

4 그러므로 내가

너희에게 말하노
니 무엇이든지
기도하고 구하는 ∨
것은 받은 줄로 ∨
믿으라 그리하면 ∨
너희에게 그대로 ∨
되리라

5 그러므로 내가
너희에게 말하노
니 무엇이든지
기도하고 구하는 ∨

것	은		받	은		줄	로	∨
믿	으	라		그	리	하	면	∨
너	희	에	게		그	대	로	∨
되	리	라						

말씀으로 기도하기

하나님 아버지, 우리가 무엇이든지 기도한 것은 받은 줄 믿어요. 하나님의 말씀대로 구하여 응답의 열매를 많이 맺게 해 주세요. 예수님의 이름으로 기도합니다. 아멘.

게임으로 말씀 익히기

• 마가복음 11장 24절 말씀 중 다음 빈 줄에 들어갈 말을 미로를 따라가 완성해 보세요.

그러므로 내가 너희에게 말하노니 _____

_____ 그리하면 너희에게 그대로 되리라

기도를 알고 싶어요

마태복음 6:33 기도의 우선순위

그런즉 너희는 먼저 그의 나라와 그의 의를 구하라 그리하면 이 모든 것을 너희에게 더하시리라

말씀 이해하기

우리가 먼저 하나님 나라와 의를 위해 기도하면, 하나님은 우리에게 필요한 모든 것을 주신답니다. 이것이 믿음 가운데 사는 삶이에요.

따라 써 보세요

1

그	런	즉		너	희	는	∨
먼	저		그	의		나	라
와		그	의		의	를	
구	하	라		그	리	하	면	∨
이		모	든		것	을	

날짜 : _____년 _____월 _____일

기도 : _____

찬양 : **먼저 그 나라와 의를 구하라**

먼저 그 나라와 의를 구하라 / 그 나라와 그
의를 / 그리하면 이 모든 것을 너희에게 더하
시리라 / 할렐루야 할렐루야 할렐루야 할렐
루 할렐루야

너	희	에	게	더	하	시
리	라					

2

	그	런	즉		너	희	는
먼	저		그	의		나	라
와		그	의		의	를	
구	하	라		그	리	하	면
이		모	든		것	을	
너	희	에	게		더	하	시
리	라						

3

그런즉 너희는
먼저 그의 나라
와 그의 의를
구하라 그리하면
이 모든 것을
너희에게 더하시
리라

4

그런즉 너희는
먼저 그의 나라
와 그의 의를
구하라 그리하면

이　모든　것을
너희에게　더하시
리라

5　　그런즉　너희는
먼저　그의　나라
와　그의　의를
구하라　그리하면
이　모든　것을
너희에게　더하시
리라

말씀으로 기도하기

먼저 하나님의 나라와 의를 구할 수 있게 해 주셔서 감사합니다. 하나님께서 교회와 선교사님들, 또 우리나라와 주위의 어려운 사람들과 늘 함께해 주시고 도와주세요. 예수님의 이름으로 기도합니다. 아멘.

게임으로 말씀 익히기

• 보기에서 동그라미에 들어갈 단어를 찾아 마태복음 6장 33절을 완성해 보세요.

보기

천국   엄마   꽃   어떤   우리

나라   의   모든   너희   친구

그런즉 너희는 먼저

그의  ㄴ ㄹ 와

그의 ㅇ 를 구하라

그리하면 이 ㅁ ㄷ 것을

ㄴ ㅎ 에게 더하시리라

창세기 1:1

창조주 하나님

태초에 하나님이
천지를 창조하시니라

로마서 5:8

사랑이신 하나님

우리가 아직 죄인 되었을 때에
그리스도께서 우리를 위하여
죽으심으로 하나님께서 우리에 대한
자기의 사랑을 확증하셨느니라

마태복음 16:16

하나님이신 예수님

시몬 베드로가 대답하여 이르되
주는 그리스도시요
살아 계신 하나님의 아들이시니이다

요한복음 14:6

유일한 구원자

예수께서 이르시되
내가 곧 길이요 진리요 생명이니
나로 말미암지 않고는
아버지께로 올 자가 없느니라

갈라디아서 5:22-23

성령의 열매

오직 성령의 열매는 사랑과 희락과
화평과 오래 참음과 자비와 양선과
충성과 온유와 절제니
이 같은 것을 금지할 법이 없느니라

요한복음 16:13

진리의 영

그러나 진리의 성령이 오시면
그가 너희를 모든 진리 가운데로
인도하시리니 그가 스스로 말하지 않고
오직 들은 것을 말하며
장래 일을 너희에게 알리시리라

창세기 1:1

창조주 하나님

태초에 하나님이
천지를 창조하시니라

로마서 5:8

사랑이신 하나님

우리가 아직 죄인 되었을 때에
그리스도께서 우리를 위하여
죽으심으로 하나님께서 우리에 대한
자기의 사랑을 확증하셨느니라

마태복음 16:16

하나님이신 예수님

시몬 베드로가 대답하여 이르되
주는 그리스도시요
살아 계신 하나님의 아들이시니이다

요한복음 14:6

유일한 구원자

예수께서 이르시되
내가 곧 길이요 진리요 생명이니
나로 말미암지 않고는
아버지께로 올 자가 없느니라

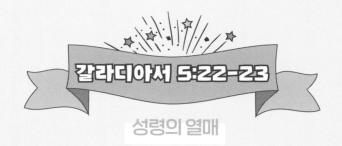

갈라디아서 5:22-23

성령의 열매

오직 성령의 열매는 사랑과 희락과
화평과 오래 참음과 자비와 양선과
충성과 온유와 절제니
이 같은 것을 금지할 법이 없느니라

요한복음 16:13

진리의 영

그러나 진리의 성령이 오시면
그가 너희를 모든 진리 가운데로
인도하시리니 그가 스스로 말하지 않고
오직 들은 것을 말하며
장래 일을 너희에게 알리시리라

요한복음 3:16

믿음으로 구원받음

하나님이 세상을 이처럼 사랑하사
독생자를 주셨으니 이는 그를
믿는 자마다 멸망하지 않고
영생을 얻게 하려 하심이라

에베소서 2:8

하나님의 선물

너희는 그 은혜에 의하여
믿음으로 말미암아 구원을 받았으니
이것은 너희에게서 난 것이 아니요
하나님의 선물이라

요한복음 4:24

진정한 예배자

하나님은 영이시니
예배하는 자가 영과 진리로
예배할지니라

로마서 12:1

영적 예배

그러므로 형제들아 내가 하나님의
모든 자비하심으로 너희를 권하노니
너희 몸을 하나님이 기뻐하시는
거룩한 산 제물로 드리라
이는 너희가 드릴 영적 예배니라

마가복음 11:24

기도의 방법

그러므로 내가 너희에게 말하노니
무엇이든지 기도하고 구하는 것은
받은 줄로 믿으라
그리하면 너희에게 그대로 되리라

마태복음 6:33

기도의 우선순위

그런즉 너희는 먼저
그의 나라와 그의 의를 구하라
그리하면 이 모든 것을
너희에게 더하시리라

요한복음 3:16

믿음으로 구원받음

하나님이 세상을 이처럼 사랑하사
독생자를 주셨으니 이는 그를
믿는 자마다 멸망하지 않고
영생을 얻게 하려 하심이라

에베소서 2:8

하나님의 선물

너희는 그 은혜에 의하여
믿음으로 말미암아 구원을 받았으니
이것은 너희에게서 난 것이 아니요
하나님의 선물이라

요한복음 4:24

진정한 예배자

하나님은 영이시니
예배하는 자가 영과 진리로
예배할지니라

로마서 12:1

영적 예배

그러므로 형제들아 내가 하나님의
모든 자비하심으로 너희를 권하노니
너희 몸을 하나님이 기뻐하시는
거룩한 산 제물로 드리라
이는 너희가 드릴 영적 예배니라

마가복음 11:24

기도의 방법

그러므로 내가 너희에게 말하노니
무엇이든지 기도하고 구하는 것은
받은 줄로 믿으라
그리하면 너희에게 그대로 되리라

마태복음 6:33

기도의 우선순위

그런즉 너희는 먼저
그의 나라와 그의 의를 구하라
그리하면 이 모든 것을
너희에게 더하시리라

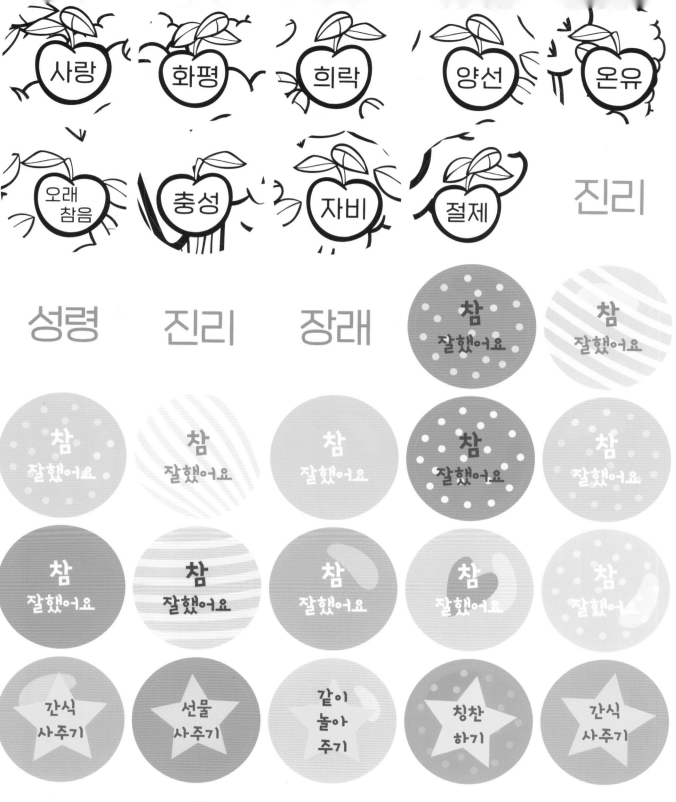

사랑　화평　희락　양선　온유

오래참음　충성　자비　절제　진리

성령　진리　장래　참 잘했어요　참 잘했어요

참 잘했어요　참 잘했어요　참 잘했어요　참 잘했어요　참 잘했어요

참 잘했어요　참 잘했어요　참 잘했어요　참 잘했어요　참 잘했어요

간식 사주기　선물 사주기　같이 놀아 주기　칭찬 하기　간식 사주기